DISCOURS
A
LA GLOIRE
DES
ARMÉES FRANÇAISES,
POUR LA CÉLÉBRATION

DE LA MÉMORABLE PAIX DE TILSIT.

DISCOURS

A

LA GLOIRE

DES

ARMÉES FRANÇAISES,

POUR LA CÉLÉBRATION

DE LA MÉMORABLE PAIX DE TILSIT.

PAR DUBROCA.

A PARIS,

CHEZ { L'AUTEUR, rue Christine, n°. 10, faubourg Saint-Germain;
LENORMANT, Libraire, rue des Prêtres-Saint-Germain-l'Auxerrois.

1807.

DISCOURS

A LA GLOIRE

DES ARMÉES FRANÇAISES,

POUR la Célébration de la Mémorable Paix de Tilsit.

Actum igitur præclarè vobiscum, fortissimi milites, quod vestra virtus, nec oblivione eorum qui nunc sunt nec reticentiâ posterorum insepulta esse poterit. CIC. *Philip.* 14.

En rendant de tels services à votre patrie, braves guerriers, vous avez encore travaillé pour les intérêts de votre gloire : car votre valeur ne pourra jamais être ensevelie, ni dans l'oubli de vos contemporains, ni dans le silence de la postérité.

C'EST ainsi, MM, que s'exprimait un des plus grands hommes de l'antiquité, en s'adressant aux armées romaines dont l'invincible valeur venait de fixer les hautes destinées de l'empire. Ce n'est point assez pour lui de relever l'éclat de leur célébrité par l'importance de leurs services, ni par les suites qu'ils doivent avoir pour la prospérité de leur patrie; entrainé par un noble enthousiasme, il prophetise leur gloire immortelle, et il leur montre, jusqu'aux générations les plus reculées, les siècles attentifs à rendre hommage à leurs vertus guerrières, et à perpétuer par une constante admiration la mémoire de leurs hauts faits.

Guerriers français! je viens vous adresser aujourd'hui le même langage, parce que vos immenses travaux et leur glorieuses conséquences sont les mêmes: comme ces fières légions de l'antique Rome, vous avez élevé votre patrie au premier rang des nations; vous avez fixé par votre valeur héroïque ses hautes destinées: mais en même temps vous avez travaillé pour les intérêts de votre gloire; car l'univers est plein de votre renommée, et la postérité ne cessera jamais d'admirer le siècle que vous avez illustré par vos magnanimes travaux. Oh! que ne m'est-il donné de pouvoir exposer dignement ici les titres que vous avez à cette immortelle célébrité! Mais, faibles orateurs que nous sommes! nous ne pouvons rien pour la gloire des ames extraordinaires; leurs seules actions suffisent pour les célébrer;

toute autre louange languit auprès de celle-là, et quels que soient nos efforts pour en parler avec dignité; prévenus par les pensées de ceux qui nous écoutent, nous avons toujours à répondre au secret reproche qu'ils nous font d'être demeurés beaucoup au-dessous de notre tâche.

Faudra-t-il cependant se taire? faudra-t-il, parce que nul langage ne saurait exprimer les vertus guerrières des héros de notre patrie, qu'aucun Français n'ose élever la voix pour raconter la gloire de nos armées et proclamer leur honorable immortalité? Loin de nous ce silence pusillanime; une stérile admiration ne peut plus suffire à l'étendue de nos sentimens. Quand la gloire de la patrie est le fruit du sang de ses défenseurs, le premier besoin de tous les cœurs est de manifester la reconnaissance qui les anime et de la publier.

C'est donc, généreux guerriers, pour vous offrir le pur hommage de ce sentiment, que je viens parler de vos services, de vos travaux, de vos campagnes immortelles, de votre dévouement héroïque, de tout ce que vous avez fait pour la gloire et pour la prospérité de votre patrie. Vous le dirai-je? un autre sentiment aussi irrésistible m'anime encore dans ce grand projet : c'est l'orgueil national qui s'approprie avec charmes tout ce qui tend à le justifier et à l'élever. Quel Français en effet n'est pas orgueilleux en quelque sorte de la gloire des héros de sa patrie? Qui de nous n'a pas senti son ame s'ennoblir à l'aspect de leur généreuse audace, de leur valeur invincible, de leurs magnanimes efforts ; et comment ne pas célébrer des vertus auxquelles on attache ainsi sa propre gloire ?

Mais par où commencer l'éloge de nos armées? comment fixer votre attention sur tant de héros à la fois? comment appeler vos regards sur tant d'actions de dévouement et de valeur dont la moindre eût honoré les annales si pompeuses de l'antiquité ? Quels lieux de la terre n'ont pas été les témoins de l'héroïsme de nos guerriers? quel fleuve n'a pas été rougi de leur sang? quelles montagnes, quels abîmes ont pu arrêter leur marche victorieuse? quels âpres climats, quelles tempêtes, quelles saisons rigoureuses ont abattu ou même étonné leur courage?

Essayons cependant, MM., de mettre quelqu'ordre dans un sujet qui semble en comporter si peu. Pour y réussir, traçons à grands traits les principales époques de l'histoire si glorieuse des armées françaises, depuis celle où l'Europe entière voulut engager une lutte contre la France, et lui contester son indépendance, jusqu'à nos jours, où la paix de Tilsit a couronné tant d'années de travaux, de dévouement et de gloire.

Jeunes guerriers! c'est ici le grand tableau qui doit fixer toute votre attention et redoubler l'intérêt que vous inspire l'honorable profession que vous exercez. C'est ici qu'il y a sujet de s'enorgueillir d'être soldat français, de marcher dans une carrière illustrée par tant de vertus héroïques, et d'appartenir à des corps que tant de grands hommes ont immortalisés.

Lorsque la France se vit menacée, en 1792, par une grande partie des puissances de l'Europe, tous les regards se portèrent sur les armées qui pouvaient alors la défendre. On y vit des soldats et presque point de généraux. Quelques ames timides portèrent leurs alarmes à la tribune législative : « Eh quoi ! répondit un des orateurs les plus distingués de l'assemblée (1), eh quoi ! parmi tous ces soldats si fiers de leur caractère, pensez-vous qu'il ne se trouve pas des hommes qui devinent l'art de la guerre des peuples libres; deshommes qui sachent, avec le courage qu'on ne supplée point, suppléer à tout? On manque, dit-on, d'officiers-généraux; consolez-vous; le secret de les former est trouvé : suspendez la règle de l'avancement militaire : l'émulation, l'espoir des couronnes aura bientôt mûri les talens, et vous aurez des hommes. »

Jamais paroles ne furent plus prophétitiques, ni suivies d'effets plus rapides et plus étendus. Deux mois après, la France entière, réveillée au bruit des dangers dont elle était menacée, était couverte de combattans qui, de toutes les parties de l'Etat, se précipitèrent vers le point qui était envahi.

C'est alors que s'avancèrent au milieu

(1) Brissot.

de leurs bataillons, ces hommes extraordinaires qui devaient étonner l'univers par la grandeur de leurs exploits, par la force de leur génie, et qui, confondus pour la plupart dans les rangs des simples soldats, ne songeaient qu'à défendre leur patrie aux postes qu'ils s'étaient eux-mêmes choisis. Mais la carrière était ouverte auxtalens, à la bravoure et au mérite ; et en peu de temps ces guerriers furent distingués et élevés au rang que la nature leur avait assigné.

Alors s'opéra, MM., dans les armées françaises la plus étonnante révolution qui ait jamais marqué dans les fastes militaires des peuples. Voyez l'art de la guerre se perfectionner et s'agrandir sous ces hommes nouveaux, que leur mérite seul avait élevés au commandement. Voyez-les au milieu des camps, n'étudier, ne méditer que l'art de faire triompher leur patrie, et de vaincre les généraux expérimentés qu'ils avaient à combattre. Que de ressources inventées! que de manœuvres habiles et inusitées, employées avec succès! que de moyens simplifiés ou améliorés! ces guerriers, enfans du génie, ne voulaient ressembler en rien aux ennemis qu'ils avaient à vaincre : combien de fois ils les déconcertèrent par une tactique nouvelle ! combien de fois ils les avaient écrasés, tandis que des formes militaires et de routine suspendaient encore leurs mouvemens !

Je ne vous retracerai pas ici, MM., les grandes scènes de courage, de dévouement et de générosité qui marquèrent cette première époque de la gloire de nos armées. L'intrépidité dans les combats, fut sans doute la vertu des Français dans tous les temps ; mais jamais jusqu'alors on n'avait vu autant d'exemples de ce courage inébranlable qui fait braver les plus grands dangers, ni de cette fermeté stoïque qui fait supporter avec constance les incommodités des saisons, les marches pénibles, la pénurie des subsistances, et exécuter tous les ordres avec la résignation la plus absolue.

Quand l'histoire s'occupera à recueillir les traits de grandeur d'ame qui ont illustré les guerriers français pendant ces premiers temps, elle élevera un monument que la postérité ne pourra se lasser d'admirer : ni les dangers les plus affreux, ni les revers les plus accablans, ni les situations les plus alarmantes ne pouvaient abattre le courage de ces premiers défenseurs de la liberté de leur pays. Les plus beaux élans de magnanimité éclatèrent souvent jusqu'au milieu des horreurs du trépas. Des milliers de héros sont tombés, en se félicitant d'avoir pu donner leur sang à leur patrie. Combien ont préféré la mort au déshonneur d'une lâcheté quelconque ! combien qui, au milieu des tourmens, de la misère, de la nudité, des privations de toute espèce et du ridicule outrageant dont on cherchait à les couvrir, ont conservé cette attitude imposante, cette fierté noble que donne la grandeur d'ame, et qui forçait à l'admiration leurs ennemis les plus acharnés ! La mort de presque tous les guerriers que la France eut à regretter alors fut grande et sublime.

C'est ainsi que vous terminâtes votre illustre carrière, Français généreux, dont les noms se montrent les premiers sur les colonnes immortelles de la gloire ; Brave *Dampierre* qui trouvas dans les rangs le sort du

Turenne (1); sage et intrépide *Dugommier*, qui t'endormis avec charmes dans les bras de la victoire (2); valeureux *Beaupuy*, si justement nommé par tes compagnons d'armes, le nouveau *Bayard de la France* (3); courageux *Abatucci*, amant passionné de la gloire, qui ne donnas aucun regret à ta mort, parce qu'elle était digne de ton courage (4); illustre *Meusnier*, dont la bravoure et les talens méritèrent l'admiration et l'estime de tes ennemis même (5): et toi, jeune *Marceau*,

(1) Il eut la cuisse emportée d'un boulet de canon, au combat du 6 mai 1793, et mourut le lendemain.

(2) Il fut tué par un obus, le 27 brumaire an 2, dans un combat contre les Espagnols. Le premier mot d'ordre donné par Bonaparte, lorsque le vœu du peuple l'eut nommé premier consul, fut: *Frédéric II et Dugommier*. Quel éloge de ce dernier!

(3) Il fut tué dans la fameuse retraite de l'armée de Rhin-et-Moselle, en l'an 4.

(4) il reçut à l'attaque du pont d'Huningue, en fructidor an 4, une blessure à laquelle il ne survécut que quelques heures.

(5) Il mourut, le 13 juin 1793, des suites d'une blessure qu'il avait reçue à la défense du fort de

vaillant guerrier que la patrie opposait avec orgueil à ses fiers ennemis, que le Dieu des combats guidait à la victoire, tu succombas aussi au champ d'honneur, comme meurent les héros, en face de l'ennemi (1).

Et pourquoi, MM., cette régénération si étonnante dans les dispositions guerrières de nos armées? Parce qu'alors furent jetées les premières bases de cette organisation militaire qui est devenue depuis la source de tant de gloire pour la France; parce qu'alors, comme aujourd'hui, les armées étaient remplies de soldats qu'animaient à la fois l'amour de la patrie et de la gloire. Attirés sous les drapeaux par des lois justes et puisées dans les premiers élémens de la société qui appelle à sa défense tous ses membres, ils y portaient pour la plupart, non les sentimens d'une ame mercénaire qui a vendu pour un peu d'argent

---

Cassel. Les ennemis joignirent leurs regrets à ceux de l'armée française; et, par une salve d'artillerie, firent connaître l'estime qu'il avaient conçue pour la bravoure et les talens de cet officier.

(1) Il fut tué en l'an 2, pendant la retraite de l'armée de Sambre-et-Meuse, sur la Lahn.

son existence et sa liberté; mais ceux d'une ame élevée qui combat pour faire triompher sa patrie, et qui s'honore de son dévouement dans quelque poste que les circonstances la placent.

Avec quel sentiment de reconnaissance et d'admiration je me plais à relever encore un autre genre de gloire qui caractérise particulièrement cette première époque de l'histoire de nos armées! toutes les vertus généreuses que devait produire la révolution semblaient s'être réfugiées dans les camps. Tandis que les factions, pour s'arracher les tristes lambeaux de leur patrie déchirée, s'entr'égorgeaient mutuellement et couvraient la France de deuil et de larmes; tandis que le fanatisme et l'ambition creusaient le vaste tombeau de la Vendée, et que l'organisation sociale dépérissait sans retour sous les coups des partis opposés, les armées seules marchaient dans la carrière de l'honneur, résistaient aux intrigues des factieux et couvraient d'un voile de gloire les plaies de la patrie et les crimes de ses enfans.

Et pourquoi ne m'est-il pas permis de

nommer ici ces guerriers illustres devenus à si juste titre aujourd'hui les premiers soutiens du trône de Napoléon, et qui, pendant que les factions appelaient de toutes parts les Français sous leurs sanglantes bannières, pour les rendre complices de leurs fureurs, ne voulaient entendre parler autour d'eux que de tactique, de marches, de combats, d'ennemis à terrasser, de victoires à remporter? Du moins je puis citer, et tous les cœurs français y applaudiront, l'immortel *Desaix*, qui, dans sa vertueuse et noble simplicité, ignorait jusqu'aux dénominations de ces époques dont se glorifiait tour à tour chaque parti. Honneur à tous ces premiers modèles des vertus guerrières, chez qui l'amour de la patrie resta pur et sacré, qui n'eurent de haine que contre les ennemis de leur pays, d'autre ambition que celle de les vaincre, et qui, par des actions généreuses, par des actes d'héroïsme et de vertu, sauvèrent en quelque sorte la France d'une infamie générale!

Telles étaient, MM., les armées françaises, lorsque le plus grand des guerriers vint ouvrir à leur valeur une nouvelle carrière, et commencer la seconde époque de leur gloire.

Les ennemis de la France, toujours vaincus, mais jamais accablés, avaient enfin réuni toutes leurs forces pour effacer s'il était possible la honte dont ils avaient été couverts dans les champs célèbres de *Jemmapes* et de *Fleurus*, et ils avaient transporté en Italie le théâtre de leur vengeance. Malheureusement la France, agitée par les dissensions les plus funestes, n'avait à leur opposer à cette époque que des armées tombées dans le dépérissement et dans la faiblesse. Celle des Alpes sur-tout, chargée par sa position des destins de l'Etat, était composée de soldats bravant encore à la vérité le fer ennemi, mais succombant sous la multitude des maux qui les accablaient de toutes parts. Privés de tout, manquant de pain, de vêtemens et même d'armes, ces honorables guerriers ne comptaient plus que sur les ressources de leur courage inépuisable, et, sans renoncer à l'espoir de sauver leur patrie, ils cherchaient vainement quel génie puissant pourrait les arracher aux maux qui rendaient leur valeur et leur constance presque inutiles. Aussi, à l'aspect du jeune héros sur le front duquel brillaient déjà les présages de la gloire immortelle qu'il allait recueillir, leur confiance se ranime, leur courage se réveille, et cette armée de soldats abattus, consternés, se change tout à coup en une armée de héros.

Qui pourrait décrire ici les hauts faits d'armes des guerriers français livrés à l'impulsion nouvelle qui les entraîne aux combats? Ils s'élancent du haut de l'Appennin, et, comme un torrent, ils culbutent, dispersent ou détruisent tout ce qui s'oppose à leur passage; les fleuves du Pô, du Tésin, de l'Adda, ces redoutables barrières de l'Italie, ne peuvent les arrêter un jour, et l'armée qui les menaçait avec tant d'orgueil, vaincue dans tous les combats qu'elle ose livrer, poursuivie, à moitié détruite, ne trouve plus de position qui la rassure contre leur courage (1). En vain

(1) Dans un de ses rapports, Bonaparte parlait ainsi de ses soldats : « Ils jouent et rient avec la

elle est secourue et renforcée ; en vain des généraux plus expérimentés viennent la commander, elle succombe, ou périt par-tout où elle veut réparer ses désastres, et bientôt l'armée française, n'ayant plus d'ennemis à combattre, promène ses étendards victorieux dans toute l'Italie, étonnée d'avoir vu se réaliser sur son territoire tous les prodiges des siècles héroïques.

Champs à jamais célèbres de *Millesimo*, de *Lody*, de *Mantoue*, de *Roveredo*, *d'Arcole*, et de *Rivoli*, vous fûtes témoins de cet enthousiasme généreux qui précipitait les soldats français sur les pas du héros qui les commandait. Oh ! que de guerriers ont illustré

---

mort; ils sont aujourd'hui parfaitement accoutumés à la cavalerie dont ils se moquent. Rien n'égale leur intrépidité, si ce n'est la gaieté avec laquelle ils font les marches les plus forcées. Ils chantent tour à tour la patrie et l'amour. Vous croiriez qu'arrivés à leurs bivouacs ils vont au moins dormir ? Point du tout ; chacun fait son plan d'opération pour le lendemain, et souvent l'on en rencontre qui voient très-juste. »

ces théâtres à jamais fameux de la gloire de nos armées! que de scènes d'un dévouement sans exemple, d'une intrépidité plus qu'humaine, y ont été offertes à l'admiration de l'univers! Là se formèrent ces capitaines, qui devaient bientôt remplir le monde de l'éclat de leur renommée: là se développa cette énergie de la bravoure française qui ne devait plus souffrir de rivalité: là se disposèrent aux victoires mémorables qui devaient affermir le plus grand empire du monde, ces phalanges de soldats dont les travaux devaient être sans exemple dans les annales des peuples..

Jamais impulsion plus forte n'avait été donnée à la bravoure française. Ce n'est pas l'armée d'Italie seulement qui se couvre de gloire; une noble émulation entraîne de toutes parts les bataillons français, et les précipite bouillans d'ardeur dans l'arêne des combats. Par-tout où l'ennemi s'offre à leurs coups, il est battu, repoussé, anéanti; et les armées françaises, depuis les champs italiques jusqu'aux rives du Danube, des monts Pyrénées aux bords de l'Océan, reprennent en tous lieux cet ascendant terrible et redoutable qui porte la terreur parmi leurs ennemis, et les force à demander la paix (1).

Avec quelles acclamations la France revit ses enfans, chargés de trophées, vainqueurs de l'Europe, et reportant dans son sein l'olivier de la paix! Son indépendance reconnue, son territoire agrandi, sa puissance respectée : tels étaient les fruits de leurs travaux et de leur constance. Mais son admiration et sa reconnaissance devaient être excitées par des motifs bien plus puissans encore. Un nouveau champ est ouvert à la bravoure des Français déjà fatigués d'un instant de repos, et aussitôt une généreuse émulation les précipite sur les pas du héros qui doit les y conduire.

Quels travaux ont jamais surpassé ceux de cette armée que l'Afrique vit descendre sur ses bords, avide de nouveaux lauriers et de nouveaux combats! Sur cette terre lointaine et barbare, où elle avait à vaincre, plus encore les obstacles de la nature que la férocité des hommes; où un soleil brûlant desséchait autour d'elle toutes les

(1) Le traité de *Campo-Formio*.

sources de la vie; où nul asile rafraîchissant ne tempérait ses souffrances : au milieu des vastes et affreux déserts qu'il fallait traverser; jamais aucune plainte, jamais aucun découragement ne vint suspendre sa marche, ou ralentir son courage; l'amour de la gloire et l'espoir de la victoire servaient d'aliment à ces grandes ames; il suffisait d'un jour de combat pour effacer le sentiment de tous leurs maux: aussi, jamais peut-être la valeur française ne déploya tant d'énergie, jamais tant d'actions d'éclat ne brillèrent à la fois, n'imprimèrent aux travaux de la guerre plus de grandeur et de force (1).

Que la gratitude du peuple français soit éternelle comme ta gloire, brave armée d'Orient! tous les soldats qui formaient tes bataillons, ont bien mérité de la patrie. Sa reconnaissance a posé sur les fronts des vainqueurs du Nil une couronne immortelle. La nation française conservera toujours le souvenir des héros que le destin lui ravit, le jour même

---

(1) Les batailles des Pyramides, du mont Thabor, et sur-tout la bataille d'Aboukir, seront des monumens éternels de la valeur française.

où, par un noble dévouement, ils soutenenaient sur des rives lointaines l'honneur national.

Oui, vous vivrez à jamais dans la mémoire des français, brave *Dupuy* que frappa le fer de la sédition au moment où tu voulais sauver tes ennemis de leur propre fureur (1); intrépide *Dommartin*, généreux *Caffarelly*, courageux *Bon* (2), brave *Lanusse* (3), modèles éternels de dévouement et d'héroïsme. Et toi aussi tu resteras à jamais gravé dans les souvenirs de ta nation, illustre *Kléber*. Les guerriers français parleront toujours de toi avec orgueil : ils diront avec quel empire l'amour de la patrie et de la gloire maîtrisait ton ame; quels étaient ton courage inébranlable en présence des ennemis, ta franchise avec tes égaux, et ta noble fierté devant un pouvoir oppresseur : ils te peindront au milieu d'un combat sous l'emblême du Dieu

---

(1) Il mourut au Caire des blessures qu'il avait reçues en voulant appaiser une sédition.

(2) Tués au siège de Saint-Jean-d'Acre.

(3) Tué à la bataille d'Aboukir.

des batailles(1); mais en même temps ils déploreront avec larmes le coup fatal qui te précipita tout à coup dans la tombe.

Ah! si le sort d'un guerrier est digne en effet d'envie lorsque, après la plus belle défense, couronné par la victoire, il est, en présence de ses braves frères d'armes, au fort de la mêlée, au champ d'honneur, frappé du coup mortel : combien est affreuse et cruelle la destinée qui se sert du poignard d'un vil assassin pour ravir à la patrie un héros digne de toute son estime et de tous ses regrets? Tel fut, ô généreux Kléber! ton sort affreux: ni ton courage, ni ta jeunesse ni tes rares vertus ne purent te sauver des trames ourdies par un fanatisme exécrable; tu tombas sans défense sous le fer d'un monstre armé par ses mains. Ah! console toi d'une mort aussi déplorable, ombre genéreuse! nos annales diront à la postérité combien tu fus cher aux Français; elles transmettront aux siècles futurs le souvenir de tes vertus, de ton

(1) Bonaparte, qui l'avait vu plusieurs fois au champ d'honneur, disait de lui : *Un jour de combat, rien n'est si beau que Kléber.*

courage, de ta mort; et nos derniers neveux, au récit de ta destinée, ne pourront te refuser le juste tribut de leur admiration et de leurs larmes.

Cependant quelle était la destinée de cet empire, tandis que l'armée d'Orient portait ainsi la gloire du nom français jusqu'au-delà des limites de l'Afrique? Hélas! ils s'étaient réalisés les tristes pressentimens de ceux qui avaient vu avec regret le héros de la France mettre entre lui et sa patrie le vaste espace des mers. Ils craignaient avec raison que son génie, qui jusqu'alors avait maîtrisé tant d'événemens, en planant sur des bords étrangers, ne manquât à la France, et que la vengeance de ses ennemis, venant à se ranimer par l'éloignement de celui qui tant de fois l'avait comprimée, ne s'exerçât avec plus de fureur sur elle, comme sur une proie sans mouvement et sans vie.

Combien les événemens avaient justifié ces alarmes! L'époque du départ de l'armée d'Egypte et de son illustre chef, avait été celle du dépérissement de toutes choses: bientôt nos ennemis se rallient, renouent leurs projets, et fondent à la fois sur nos frontières; la confusion et l'aveuglement règnent dans le conseil des dépositaires de l'autorité; l'intrigue et l'ignorance président au destin des armées; l'Italie presque toute entière retombe au pouvoir de ses anciens oppresseurs; les braves de la nation y périssent; et la France menacée, entourée de toutes parts d'ennemis qu'anime l'espoir de la vengeance, se retrouve sur les bords d'un abîme où sa perte paraît inévitable.

Honneur éternel aux armées françaises pendant ce temps de désastres ! leur gloire resta pure et sans tache. Que de héros donnèrent leur sang à leur malheureuse patrie! combien préférèrent le trépas à la honte de la voir asservie! c'est alors que tu terminas ta glorieuse carrière, brave *Joubert!* Prêt à venger l'honneur de ton pays, tu succombas frappé d'un plomb mortel; mais du moins tandis que ton sang se glace dans tes veines, ton ame généreuse conserve encore toute son énergie, et tu donnes l'exemple de la mort des héros; tu respires à peine, et tu presses par ta voix la marche terrible de tes bataillons; tes yeux s'attachent étincellans sur ces ennemis vers lesquels tu marchais et que tu n'as pu atteindre, et sur le point d'expirer, ton bras menaçant montre encore à tes compagnons d'armes le champ d'honneur où ils doivent comme toi vaincre ou mourir (1).

Et toi aussi, valeureux *Championnet*, tu succombas alors, non sous le fer des ennemis qui jamais n'avaient pu te ravir le sceptre de la victoire; mais sous le poids de la douleur qui te dévorait à la vue des malheurs de ta patrie. *Si du moins*, disais-tu, prêt à expirer, *j'étais frappé sur le champ de bataille!* — Ah! combien ces regrets étaient dignes de ton grand cœur! Mais ta mémoire n'en sera pas moins recommandable aux yeux de la postérité. La France, heureuse par les bienfaits de la paix, te citera toujours parmi les guerriers qui se sont dévoués pour elle; et si tes triomphes n'eurent d'autre terme que celui d'une vie que tu avais consacrée toute entière à la gloire et à la prospérité de ta patrie, la

(1) Joubert fut tué au commencement de la fameuse bataille de *Novi*.

reconnaissance publique te déférera toujours le tribut de ses hommages (1).

Abandonnons, MM., cette image pénible de nos pertes et de nos revers; laissons ces ennemis, fiers de leurs victoires faciles, se féliciter d'avance de leurs triomphes, et s'avancer audacieusement vèrs nos frontières pour les envahir. Hâtons-nous d'arriver à la dernière, mais à la plus brillante époque de la gloire de nos armées.

Déjà, conduit par la main du Très-Haut, a reparu sur le sol de la France, celui qui devait la sauver; déjà s'est opérée cette grande révolution politique qui, dans quelques jours, a changé la face de l'Etat, et rendu l'espérance à tous les cœurs; déjà les armées ont salué par des cris d'allégresse, le retour de leur invincible chef. O guerriers généreux! non, votre attente ne sera pas trompée; bientôt, celui qui vous guida tant de fois dans le chemin de la victoire, va vous y reconduire; vous redemandez votre gloire, il va vous la rendre;

(1) Le général Championnet mourut à Nice, le 19 nivôse an 8.

vous voulez effacer la honte de vos revers : entendez sa voix qui vous appelle dans les champs d'honneur pour y reconquérir tous vos lauriers.

Vous peindrai-je ici, MM., l'ardeur, l'enthousiasme, les travaux de cette armée de cinquante mille combattans rassemblée aux pieds du grand Saint-Bernard, et se disposant à le gravir par des chemins impraticables, pour arriver plus rapidement dans les champs italiques ? à quoi comparer l'énergie de ces guerriers, creusant dans leur impatience des arbres, pour y déposer leur artillerie, et s'attelant ensuite à ces nouvelles machines, pour les traîner à travers des précipices affreux au-delà du mont ? Quelles expressions pourraient donner une idée des efforts de cette armée, se frayant un passage au milieu des neiges et des glaces amoncelées, et parvenant à une hauteur inaccessible, chargée d'une incalculable quantité de bagages ? Nobles et généreux guerriers ! vous vîtes en traversant ces hauteurs effrayantes, l'asile offert par la charité chrétienne aux voyageurs égarés ou malheureux, et vos cœurs rendirent hommage à la grandeur d'une religion qui a pu forcer des hommes à se fixer ainsi au milieu des horreurs d'un site sauvage, et à supporter les rigueurs d'un hiver éternel, pour offrir des secours au malheur. Ah! si l'amour de la gloire peut faire des héros, dîtes-vous sans doute, la religion compte aussi les siens dont les vertus moins éclatantes que les nôtres, ont cependant le mérite d'être plus précieuses et plus chères à l'humanité!

Cependant l'armée continue sa marche: mais ce ne sont plus les mêmes difficultés que doit vaincre son courage; il faut résister ici à l'impulsion dangereuse d'une descente rapide, étroite et glissante, à travers des goufres épouvantables; il faut se sauver du malheur d'être jeté, dans une chute, hors du sentier, pour ne pas entraîner avec soi, dans des abîmes, des milliers de victimes. Mais quel soldat aurait manqué de sang-froid et d'intrépidité, quand l'auguste chef qui dirigeait cette marche étonnante partageait lui-même tous les dangers, et donnait l'exemple de la constance la plus inébranlable et de la hardiesse la plus héroïque?

Non, MM., les monumens de l'antiquité n'offrent peut-être rien de plus extraordinaire que ce passage du mont Saint-Bernard par l'armée française; mais Napoléon, marchant lui-même le premier au milieu des abîmes et des précipices de ce mont inaccessible, encourageant tantôt par sa fermeté, tantôt par les ressources de son génie, ses troupes étonnées ou épuisées, et se laissant glisser d'une hauteur de deux cents pieds, pour accélérer par le chemin le plus court sa marche impatiente et belliqueuse, Napoléon, dis-je, ressemble à ces héros dont le courage, quoique fabuleux, étonne l'imagination, et agrandit les bornes de la puissance humaine.

Vous jugez, MM., qu'une armée éprouvée par de pareils travaux, et conduite par un tel chef, devait compter pour peu de chose les difficultés attachées au gain d'une bataille. Aussi, chaque pas qu'elle fait en abandonnant le théâtre où elle avait vaincu les plus grands obstacles de la nature, est-il marqué par une victoire; déjà elle a forcé tous les passages, franchi tous les fleuves, et anéanti toutes les forces qui s'opposaient à sa marche, qu'à peine l'ennemi soupçonnait son existence. Mais sa défaite à *Montebello* lui apprend bientôt quels sont les nouveaux guerriers qu'il doit combattre, et auxquels il doit compte de ses succès momentanés. Enfin le champ d'honneur est choisi, et deux armées qu'anime un même amour de gloire, un même espoir de la victoire s'y rendent pour y fixer les destins de l'Europe.

Oh ! qui pourra jamais dignement parler de cette journée si mémorable où la bravoure française, après avoir long-temps lutté contre les revers les plus désespérans, ravit la victoire à l'armée ennemie, par un de ces efforts magnanimes qui sont le comble de l'héroïsme ? qui pourra dire par combien d'actions de dévouement et de valeur fut précédé cet instant si décisif et si glorieux en même temps ? Ici je vois, dans un moment d'alarmes, des milliers de braves se ranger autour de leur auguste chef, préférer le trépas à la honte de le rendre témoin de leur fuite, et soutenir pied à pied la retraite sous le feu d'une artillerie formidable qui vomissait la mort de toutes parts. Là je vois ce corps si célèbre de grenadiers (1) s'avancer fièrement au-devant des colonnes victorieuses, pour arrêter leur marche, soutenir trois fois le choc d'une cavalerie nombreuse, sans que leurs rangs soient entamés, et qui bientôt, environnés de tous côtés d'une infanterie acharnée à leur destruction, se forment en bataillon carré, placent audacieusement au centre leurs drapeaux et leurs blessés, se font jour à travers leurs ennemis, et rejoignent ainsi l'armée, après avoir épuisé jusqu'à leur dernier moyen de résistance.

Mais enfin arrive l'instant où tout va changer de face; les divisions de réserve, long-temps attendues, se présentent sur le champ de bataille; l'intrépide Desaix est à leur tête; tout se rallie autour d'elles; il n'est pas besoin de les exciter au combat, l'ardeur de la vengeance précipitait depuis long-temps leur marche impétueuse.

Dès que la charge a sonné, l'éclair n'est pas plus rapide, la foudre n'est pas plus terrible que les coups de ces nouveaux guerriers; en un moment la terreur et la mort ont passé

---

(1) De la garde des consuls.

dans les rangs opposés; leurs lignes épouvantées sont rompues; tout cède, tout fuit; la victoire est arrachée sans retour à l'ennemi..... Mais, ô douleur! le vertueux Desaix, au milieu des élans d'un courage qui l'élevait presque au-dessus d'un mortel, tombe frappé d'un coup fatal, et le champ de bataille s'abreuve du sang de celui qui vient de l'immortaliser. Hélas! il arrivait à peine des climats brûlans de l'Afrique, où ses vertus lui avaient soumis les cœurs les plus féroces (1). Sur les rives de l'Italie où il débarque, il apprend quel changement s'est opéré sur ce grand théâtre de la valeur française; il entend le bruit de la marche victorieuse de l'armée qui vient y revendiquer sa gloire; il accourt, il se retrouve au milieu de ses amis, de ces mêmes compagnons d'armes que le sort semblait avoir séparés pour toujours: et il meurt au moment où la victoire couronnait ses généreux efforts; au moment où il allait contempler la gloire

---

(1) Il était désigné sous le titre de *Sultan juste* par les peuplades africaines de la Haute-Egypte.

de sa patrie régénérée, et dont il aurait fait sans doute un des plus glorieux ornemens!

Pardonne, ombre généreuse! pardonne à tes concitoyens un regret intéressé; pardonne-leur s'ils croient que le dévouement sublime qui précipita la fin de tes jours leur a coûté trop cher. Hélas! à peine ils avaient commencé à admirer les vertus qui se développaient en toi, lorsque la mort t'a ravi à leurs espérances; tu es tombé au printemps de tes jours; la main d'un barbare a eu le funeste pouvoir de trancher en un instant la vie du plus généreux des humains; une vile poussière a bu le sang du plus magnanime des héros.... Ah! si les regrets toujours subsistans de tes contemporains sont le présage de la reconnaissance de la postérité; console-toi, ombre magnanime! les sentimens généreux que tu exprimas à ton dernier soupir; cette crainte sublime de *n'avoir pas assez fait pour la postérité* (1) sera vaine. Vois les hommages constamment rendus à tes vertus et à ta valeur; vois les monumens élevés à ta mémoire;

---

(1) Denières paroles de Desaix avant sa mort.

contemple ton nom écrit sur les colonnes immortelles de la gloire. Oui, ô Desaix! ton nom restera éternellement célèbre dans les fastes du plus grand des empires; tant que le souvenir de l'immortelle journée de Marengo subsistera, tu vivras avec honneur dans les annales des nations. Ta patrie, tes vertus et la gloire ont imprimé à ta mémoire un éclat ineffaçable et indestructible.

Mais quels sont ces guerriers qui des bords du Rhin s'avancent fièrement dans les campagnes de la Germanie? ce sont les dignes émules des vainqueurs de Marengo, qui vont frapper dans le cœur de ses états un prince ennemi déjà écrasé dans les plaines de l'Italie. Voyez comme ses armées attaquées en tous lieux, succombent ou fuient devant eux. En vain ses capitaines les plus expérimentés cherchent des lieux fortifiés par la nature et l'art pour résister à leur impétuosité: envain leurs soldats ont fait le serment de vaincre et de sauver l'empire Germanique. tout cède à la valeur des guerriers français, qui ne s'arrêtent dans le cours de leur triomphes que lorsque les ennemis abattus, consternés se décident à implorer franchement la paix de leurs vainqueurs.

Jetons ici, MM., quelques fleurs sur la tombe d'un des plus valeureux soldats que nos armées eussent alors dans leurs rangs, du premier grenadier de France, dont l'Europe entière admirait depuis l'ong-temps l'héroïsme. Cétait un des derniers rejetons de l'illustre famille de Turenne, et il avait conservé l'ame et le cœur de ce grand homme. Quoique apesanti par les fatigues de plus de trente années de combats, quoique son sang eût coulé mille fois dans les champs d'honneur; à la vue d'un ami que le départ d'un fils unique pour l'armée laissait plongé dans la misère et la désolation, il ressaisit ses armes, et court remplacer dans les combats le fils de cet ami. — A mon âge, disait-il, la mort la plus désirable est celle d'un grenadier sur le champ de bataille, et j'espère que je l'y trouverai. — Oui, tu mourus comme tu l'avais désiré, brave *Latour-d'Auvergne* (1) ta vie avait été trop glorieuse pour

(1) Il fut tué le 9 Messidor de l'an 8, dans le combat de Neubourg.

ne pas mériter d'expirer sur un champ de bataille. Là tu tombas comme un héros, en répandant l'épouvante et la terreur parmi tes ennemis. Là tu reçus les honneurs suprêmes dus à la valeur. Ta tombe fut creusée dans le lieu même que tu avais illustré par ta chute; tu y descendis couvert de feuilles de chêne et de lauriers, au milieu des gémissemens et des larmes de toute l'armée, la face toujours tournée contre l'ennemi, et suivi des restes honorables du compagnon d'armes que tu chérissais le plus, qui avait partagé ta gloire et reçu la mort à tes côtés en faisant comme toi des prodiges de valeur (2).

Transportons maintenant nos regards, MM., sur d'autres scènes de la valeur française. Une paix universelle a succédé aux glorieuses victoires de nos armées, et la haine des ennemis de la France consent à rester pendant quelque temps assoupie. Mais l'amour de la gloire qui ne s'éteint jamais dans le cœur des soldats français, souffre difficilement ce repos. Il reste des rebelles à châtier, une colonie importante à rendre à

(2) Le chef de brigade *Forti*, commandant la 46e.

la métropole ; et, à la voix du chef de l'Etat, une armée de héros court braver le plus fougueux des élémens pour aller dans un nouveau monde conquérir de nouveaux lauriers. Là, tout fait obstacle à la valeur française, le climat, les alimens, l'air qu'on y respire, la nature du sol où il faut combattre, la tactique des ennemis qu'il faut vaincre, leur perfidie, leur monstrueuse atrocité : n'importe ; tout était prêt à céder à la bravoure et à la constance inépuisable des guerriers français, lorsque les ennemis irréconciliables de notre patrie, brisant tout-à-coup les traités de paix, vinrent seconder la résistance des Noirs révoltés de Saint-Domingue, et ravir aux Français enfermés dans cette colonie tout espoir de secours, en couvrant la mer de leurs vaisseaux.

O fureurs de la vengeance! c'est alors que vous attirâtes sur les bords de l'Océan cette élite de guerriers français, ces phalanges nombreuses de héros, qui, dans leur ardeur impatiente, n'attendaient que le moment d'aller laver dans le sang d'une nation atrocement ennemie, l'outrage qu'elle venait de faire au droit le plus sacré des peuples. Tu les entendis les cris terribles de vengeance et de mort envoyés vers tes rivages odieux, par cent mille héros à la fois, cruelle et implacable Albion! et tu frémis de ta perte prochaine. Cette mer qui t'environne de toutes parts, te rassurait peu contre le courage d'un ennemi que tu avais si indignement provoqué, et dont tu connaissais bien toute l'audace ; tes terreurs te rendirent encore une fois atroce ; et pour détourner de dessus ta tête l'orage qui te menaçait, tu eus la barbarie de l'attirer sur des peuples qui ne partageaient ni ton ambition ni tes crimes, et que tu ne craignis pas cependant d'entraîner à leur perte, en les associant à tes fureurs.

Où courent ces légions que l'Océan attendait pour les porter sur un rivage ennemi ? Est-ce une fuite précipitée qui les entraîne loin de ses bords ? Par quel prodige sont-elles transportées presque tout-à-coup au-delà des Alpes et sur les rives du Rhin, et que présage cette marche étonnante et rapide de nos phalanges guerrières?

Ouvrez-vous ici à nos regards fastes glorieux de la valeur française ; retracez-nous cette campagne immortelle de trois mois, durant laquelle ont été exécutés des faits d'armes qui suffiraient à l'honneur et à la gloire de trois siècles d'héroïsme. Mais comment suivre cette suite si rapide d'événemens mémorables? où trouver à reposer son admiration, quand de toutes parts et à chaque instant se passent des actions qui l'excitent et l'appellent? Ce n'est pas un seul corps d'armée qui se distingue : tous à la fois et en même temps se couvrent de gloire. A *Wertingen*, un corps de cavalerie (1) enveloppe une division considérable de grenadiers, l'élite de l'armée ennemie, la combat et la fait prisonnière presque toute entière. A *Grunz-Bourg*, on se bat corps à corps, et l'ennemi est forcé d'abandonner à la valeur française une de ses plus belles positions de défense. A *Albeck*, six mille braves entourés par vingt-cinq mille hommes font face à tout, et sortent vainqueurs d'une

---

(1) Les divisions de dragons des généraux Beaumont et Klein, et la division des cuirassiers et des carabiniers du général Nansouty, commandées par le prince Murat.

mêlée affreuse conduisant avec eux mille cinq cents prisonniers (1). A *Elchingen*, se passe un des plus beaux faits d'armes qui prépare la chute du boulevard le plus important de la monarchie autrichienne, où, bientôt après, trente mille soldats d'élite déposent leurs aigles orgueilleuses aux pieds de leurs vainqueurs, et se rendent prisonniers de guerre. C'est alors que Napoléon, en rappelant les succès brillans qui avaient déjà couronné ses entreprises, adressait à ses troupes, ce langage si honorable pour elles : « Soldats, ces succès sont dus à votre confiance sans bornes pour votre empereur, à votre patience à supporter les fatigues et les privations de toute espèce, et à votre rare intrépidité (2). »

Mais ce n'était encore là que le prélude des actions de valeur qui devaient élever les armées françaises au comble de la gloire. C'est à un combat d'honneur que les dis-

---

(1) Ces corps ne devaient s'étonner de rien : c'étaient les 9e légère, 32e, 69e et 73e de ligne.

(2) Voyez le 9e bulletin de la Grande Armée, du 21 octobre 1805.

pose maintenant l'auguste chef qui les commande, et ce combat, ajoute-t-il, doit décider enfin, aux yeux de l'univers, si l'infanterie française est la première ou la seconde de l'Europe. Que ceux qui portent un cœur français jugent de la puissance de ces paroles du plus grand des héros sur des soldats remplis d'honneur! Aussi l'ardeur de vaincre se ranime-t-elle dès cet instant avec plus de force que jamais dans l'ame de tous ces guerriers; rien ne peut plus contenir leur audace belliqueuse; leur marche vers les campagnes de la Moravie, où doit se décider cette grande question, ressemble à celle d'un torrent qui renverse ou détruit tout ce qui s'oppose à son passage. A *Diernstein*, lieu à jamais célèbre dans les annales militaires, six bataillons (1), croyant n'avoir affaire qu'à une arrière-garde russe, se trouvent tout-à-coup en face d'une armée de vingt mille hommes, et le combat devient inévitable. Là, formés en bataillon carré, quatre mille braves résistent un jour entier aux efforts redoublés de cette mul-

(1) Commandés par le maréchal Mortier.

titude d'ennemis qui les cerne de toutes parts, et qui a juré leur destruction. Plus l'attaque est vigoureuse et opiniâtre, plus la défense est terrible. Ce n'est plus à leur salut que songent les guerriers français, c'est à la victoire qu'ils prétendent. Bientôt en effet, voyant leurs ennemis harassés, effrayés, ralentir leur attaque, ils redoublent de courage, parviennent à les enfoncer, et mettent en déroute tout ce qui s'oppose à leur marche.

C'en était assez sans doute pour la gloire de ces héros ; mais leurs ennemis leur préparent un triomphe bien plus éclatant encore, et à eux une honte plus ineffaçable. Irrités, confus d'avoir cédé à des forces si inférieures, ils se rallient et se présentent bientôt à un second combat, résolus de laver leur affront dans le sang des Français. Mais c'est ici que la valeur de nos guerriers renaît plus terrible de l'excès de leurs fatigues, et qu'il n'y a plus d'expression pour la peindre : vaincre ou mourir est le cri universel qui retentit parmi eux, depuis l'illustre général qui le premier l'a fait entendre, jusqu'au simple soldat qui le répète avec l'énergie de la fureur. Dès lors ce n'est plus un combat régulier, c'est une mêlée affreuse que, pour comble d'horreur, la nuit couvre de ses voiles épais. L'air et la terre retentissent au loin des cris des combattans et des coups qu'ils se portent ; on ne se bat plus pour vaincre, mais pour entraîner en mourant son adversaire dans sa chute. Enfin l'audace et le courage l'emportent; animés par leur général à faire un dernier effort, les Français se précipitent furieux sur les troupes qui les avaient tournés pour leur couper toute retraite, enfoncent leurs lignes, et se font jour à travers leurs rangs, laissant quatre mille ennemis tués ou blessés sur le champ de bataille, et emmenant avec eux treize cents prisonniers.

Il serait trop long, MM., de vous retracer toutes les actions glorieuses qui signalèrent la marche des légions françaises vers la Moravie; je me hâte d'arriver sur ce fameux champ de bataille où les destinées du monde devaient être décidées en quelques heures par la valeur d'une des deux armées ennemies qui vont y combattre. O France!

non, tes guerriers ne tromperont pas ton attente, dans ce grand jour qui importe si fort à ton honneur et à ta gloire. Déjà tout s'apprêtait dans les deux camps pour une action décisive, lorsque dans celui de Napoléon s'élèvent tout-à-coup des acclamations universelles d'allégresse. O délire de l'amour des soldats français pour leur prince ! ils ont remarqué que le lendemain était l'anniversaire de son couronnement, et en même temps ils le reconnaissent parmi eux, visitant à pied et sans suite les différens postes de son armée; aussitôt des milliers de brandons allumés, attachés à autant de perches, sont agités dans les airs. En présence de l'ennemi, sur une terre dépouillée, et par un temps pluvieux, ils veulent lui donner une fête digne des lieux où elle se passe; et ils demandent à grands cris qu'on les mène à l'ennemi.

Parmi les témoignages d'amour, de confiance et de fidélité qui furent prodigués à cet auguste héros, n'omettons pas, MM., de citer les paroles qui lui furent adressées par un des plus vieux grenadiers de l'armée.— Sire, lui dit ce franc guerrier, tu n'auras pas besoin de t'exposer ; je te promets, au nom des grenadiers de l'armée , que tu n'auras à combattre que des yeux, et que nous t'amenerons demain les drapeaux et l'artillerie de l'armée russe, pour célébrer l'anniversaire de ton couronnement. — Est-il étonnant que ce grand prince se soit écrié, en rentrant dans sa tente, que cette soirée était la plus belle de sa vie; et qu'en même temps son cœur se soit livré à une tristesse profonde, en songeant que le lendemain serait le dernier jour d'un bon nombre de ces généreux guerriers ?

Tels furent, MM., les présages au milieu desquels fut donné le signal de la mémorable bataille d'Austerlitz. L'Europe, que dis-je ? le monde entier sait de quelle manière ils furent réalisés : jamais fait d'armes ne fut plus glorieux pour la nation française ; jamais, depuis la célèbre bataille de *Tolbiac* qui affermit les premiers fondemens de la monarchie des Francs, aucune action militaire n'avait autant importé aux destinées de la France, et ne lui fut plus honorable; cette journée formera dans l'histoire une de ces grandes époques devant laquelle s'éclipseront tous les autres événemens. Mais laissons parler sur cette affaire le plus grand capitaine du monde, celui qui, seul, pouvait en parler dignement, et dont l'opinion suffirait, pour en immortaliser les héros. — Soldats! disait Napoléon-le-Grand, après le combat, vous avez, à la journée d'Austerlitz, justifié tout ce que j'attendais de votre intrépidité. Vous avez décoré vos aigles d'une immortelle gloire. Une armée de cent mille hommes a été en moins de quatre heures ou coupée ou dispersée; ce qui a échappé à votre fer fut noyé dans les lacs.... Cette infanterie tant vantée, quoiqu'en nombre supérieur, n'a pu résister à votre choc; et désormais vous n'avez plus de rivaux à redouter. — Ailleurs, il s'écrie, plein d'admiration : J'ai livré trente batailles comme celle-ci, mais je n'en ai vu aucune où la victoire ait été si décidée, et les destins si peu balancés. — Ailleurs enfin, à la vue de tant d'actions de dévouement et d'héroïsme qu'on lui rapporte : — Il me faut, dit-il, toute ma puissance pour récompenser dignement tant de braves gens.

Mais si nous ne pouvons embrasser, MM.,

toutes les actions de valeur qui dans cette journée élevèrent au comble de la gloire tant de soldats français, tairons-nous le dévouement sublime de ceux qui cimentèrent de leur sang le triomphe de leur patrie? Généreux *Valhubert!* tu recevras ici le premier les hommages de notre reconnaissance. Quel exemple d'héroïsme et de grandeur d'ame tu as laissé aux guerriers imitateurs de tes vertus! O spectacle digne d'admiration et de larmes! Valhubert, frappé d'un coup mortel, est renversé dans la poussière. Quatre guerriers se présentent pour le relever: — Non, soldats, s'écrie-t-il avec force, laissez-moi; souvenez-vous de l'ordre du jour; reprenez vos rangs; si vous revenez vainqueurs, on me relèvera après la bataille; si vous êtes vaincus, je n'attache plus de prix à la vie. — Mais quel autre tableau s'offre à mes regards. Le champ de bataille, après la victoire, était resté couvert de blessés et de mourans; Napoléon s'y présente pour ordonner des secours et répandre des consolations. O prodige! aussitôt tous ces héros se relèvent, le contemplent avec enthousiasme, et semblent oublier leurs souffrances pour le féliciter de sa victoire : — Au moins est-elle bien assurée ? disaient les uns. Ailleurs, on entend ces paroles touchantes : Je souffre depuis huit heures, et depuis le commencement de la bataille je suis abandonné; mais cela n'est rien, puisque j'ai fait mon devoir. — Ailleurs, d'une voix mourante, un soldat s'écrie : L'empereur est-il content de nous aujourd'hui ? — Ailleurs, les plaintes sont étouffées et font place aux cris de *victoire !* de *vive Napoléon !* —

O guerriers magnanimes ! non, vos vastes tombeaux ne seront pas privés de la gloire et des hommages qui leur sont dus. Ah ! s'il nous était donné jamais d'en approcher ; avec quel sentiment religieux nous les aborderions ! comme nos regards y chercheraient avidement ces lieux où vous êtes tombés couverts des lauriers de la victoire ! comme l'admiration, et l'orgueil de vous avoir eu pour concitoyens et pour amis, s'y confondraient dans nos cœurs avec les plus touchantes émotions de la nature !

Qui eût pensé qu'après l'éclatante victoire d'Austerlitz et les preuves si multipliées de l'invincible valeur des armées françaises, d'autres peuples voudraient encore hasarder leur repos et leur gloire dans une lutte avec elles? Cependant, vous le savez, MM., telle a été l'imprudence aveugle des nouveaux ennemis qu'elles ont eu à combattre et à terrasser pour arriver à la mémorable paix de Tilsit. Eh quoi! la moisson de gloire, cueillie depuis tant d'années par nos fiers guerriers, n'était-elle pas assez abondante! et fallait-il les arracher à leur juste repos, pour acquérir la terrible et dernière conviction de leur invincible courage? Ecoutons ces provocations audacieuses à un combat d'honneur qu'on ose leur adresser. Ne dirait-on pas, à les entendre, que les champs de la Saxe doivent être le tombeau de la gloire des Français? Mais attendez un moment; la foudre gronde déjà sur la tête de ces imprudens provocateurs, et bientôt ils vont en être écrasés.

Champs d'*Iéna*, vous vîtes renaître toute la gloire des vainqueurs d'Austerlitz! Là tomba sous les coups de la valeur française une monarchie fondée sur cent ans de gloire militaire; là disparurent, sous le fer ou sous le tonnerre de nos guerriers, des légions formidables et jusqu'alors célèbres ; là s'anéantit pour jamais tout espoir de rivalité avec la nation la plus belliqueuse de l'univers.

Mais tous les ennemis que nos armées devaient combattre dans cette dernière épreuve n'avaient pas succombé à Iéna. Le nord de l'Europe retentissait de la marche de cent mille nouveaux combattans qui s'avançaient au secours de leurs alliés vaincus. Comment prévenir leur arrivée? comment les atteindre à travers tous les obstacles que la nature semblait opposer à la marche de nos guerriers? comment, au milieu d'un hiver rigoureux, traverser des pays arides qui n'offraient aucune ressource, ou des plaines affreuses changées par les pluies en immenses marais? Mais pouvait-il exister des obstacles pour ces mêmes soldats qui avaient bien pu franchir les sables brûlans de l'Afrique, ou gravir les hauteurs inaccessibles du grand Saint-Bernard ? La gloire les appelle sur les bords de la Vistule, il suffit ; et en quelques jours ce fleuve voit flotter sur ses bords les étendards triomphans des légions françaises. Là s'étaient arrêtés les nouveaux ennemis qu'il fallait combattre, et là commence la nouvelle carrière des triomphes de nos guerriers.

Gloire éternelle à leurs efforts! ce ne sont plus seulement des lauriers pour eux qu'ils vont cueillir, c'est la paix de leur patrie qu'ils veulent conquérir, n'importe à quel prix; car leur cœur a entendu le serment solennel de leur auguste chef, et ils ont juré comme lui de ne déposer désormais les armes que lorsque la paix générale aurait affermi et assuré la puissance des alliés de l'empire, et restitué au commerce de la France sa liberté et ses colonies (1).

Animés de ce nouveau sentiment, rien n'est plus capable d'étonner le courage de nos soldats ; ni les marches les plus pénibles, ni le fatigues les plus accablantes, ni les combats successifs et opiniâtres qu'il faut livrer, ni les privations de toute espèce qu'il faut supporter. L'espoir de donner la

(1) Proclamation du 2 décembre 1806, du quartier-impérial de Posen.

paix à leur patrie les soutient et les enflamme. Aussi comment expirent-ils, quand ils sont forcés de céder au coup qui les a frappés? Entendez ce brave capitaine des grenadiers à cheval de la garde impériale, l'intrépide *Auzouï*. Renversé sur le champ de bataille d'*Eylan* et blessé à mort, il ne recouvre ses esprits que pour adresser à ses compagnons d'armes qui l'entouraient, ces paroles touchantes et sublimes. — Laissez-moi, mes amis, je meurs content, puisque nous avons la victoire, et que je puis mourir sur le champ d'honneur, environné de canons pris à l'ennemi et des débris de sa défaite: Dites à l'empereur que je n'ai qu'un regret, c'est que dans quelques momens, je ne pourrai plus rien pour son service, ni pour la gloire de notre belle France... A elle mon dernier soupir; — et il expire.

Et toi, généreux *d'Hautpoul*, guerrier si digne des regrets et des larmes qui ont honoré ta tombe illustre; ta mort fut aussi celle des vrais héros; jamais dans ta carrière si glorieuse et si remplie de beaux faits, tu ne te montras plus grand et plus sublime (1). Ah! c'est qu'en mourant pour ta patrie, tu avais atteint le plus cher de tes vœux, celui que tu n'avais jamais cessé d'exprimer depuis que l'honneur circulait avec ton sang dans tes veines.

Enfin, MM., parut le plus mémorable des jours, celui où, après quinze ans de travaux et de combats, la valeur française devait enfin recueillir le prix le plus glorieux de ses efforts, et où la patrie devait recevoir des mains victorieuses de ses enfans, le bienfait de la paix. Avec quelle ardeur l'armée qui semblait en pressentir l'heureuse approche, l'appelait par ses vœux! avec quel empressement elle desirait de se mesurer corps à corps avec ses ennemis,

---

(1) Le général d'Hautpoul était un des officiers les plus distingués des armées françaises. Les rives du Rhin, et les campagnes de la Germanie furent souvent les témoins de son intrépidité, de son sang froid et de sa bravoure, et nos annales sont à jamais dépositaires de ses beaux faits d'armes. Après sa mort, l'empereur ordonna que des canons pris à la bataille d'Eylan, il serait fait une statue en bronze de ce général, dans son costume de cuirassier.

pour en arracher par la force ce qu'il n'avait pas été possible d'en obtenir par les sentimens de la plus équitable modération. Contenue dans ses cantonnemens, elle frémissait de l'inaction momentanée où elle était réduite : c'était le repos du lion qui n'attend que l'ouverture de la barrière pour s'élancer dans l'arène, et y déchirer sa proie.

Jamais, en effet, MM., l'impétuosité française ne se montra plus terrible, n'eut un caractère plus audacieux que dans les combats successifs qui précédèrent et amenèrent la bataille de Friedland. La distance qui séparait l'armée de ce théâtre de gloire n'est bientôt plus qu'un vaste champ de bataille, à travers duquel elle s'élance vers la victoire qui l'attend, sur les légions entassées et détruites de ses ennemis. En vain ils fuient, en vain ils évitent le combat, elle les suit, les presse et les atteint. O jour d'allégresse universelle parmi les soldats français ! Enfin va donc se terminer la lutte sanglante des nations ! enfin la paix va donc être le prix de la valeur, puisqu'elle n'a pu être le fruit de l'amour de l'humanité ! telles étaient les acclamations qui retentissaient dans tous les rangs. Bientôt le tonnerre des combats éclate de toutes parts, et quelques heures après, l'armée ennemie n'existe plus que pour aller étaler dans une fuite précipitée ses pertes déplorables, sa défaite, et l'heureuse impuissance où elle est de s'opposer désormais au repos de l'Europe.

O vous guerriers magnanimes, dont le sang coula pour une si belle cause, et qui mourûtes en nous léguant le bienfait si précieux de la paix ; ah ! s'il vous est donné de planer dans ces instans au milieu de vos concitoyens, de vos parens et de vos amis ; ou, si, du sein de la Divinité où vous recevez la récompense de votre amour de la patrie, vous pouvez contempler l'allégresse du peuple français, et participer à ses triomphes : voyez aussi l'hommage que tous les cœurs s'empressent de rendre à votre mémoire : voyez vos noms inscrits sur les colonnes immortelles de la gloire, et votre patrie à jamais occupée d'en perpétuer avec reconnaissance le souvenir. Morts illustres ! oui, vous serez placés à côté de tous les noms que les siècles sont accoutumés à révérer ; un temps viendra où nos neveux, que dis-je? où le monde entier célébrera votre noble dévouement, où l'on cherchera avec respect sur le marbre et l'airain vos noms immortalisés par tant d'éclat. Heureuses les familles qui y trouveront les leurs ! les historiens les conserveront dans leurs pages fidèles, les poëtes les célébreront dans leurs chants divins et les feront voler de bouche en bouche.

Champs de Friedland ! vous aurez aussi votre part de cette glorieuse immortalité qui est réservée aux héros que vous avez vus tomber au milieu de leur gloire. Vous recevrez un jour les hommages de tous les peuples de la terre : c'est là que le père conduira son fils pour l'instruire au véritable amour de la patrie ; c'est là que le guerrier ira puiser l'idée de cet abandon généreux et sublime qui fait mépriser la vie, et recevoir la mort avec charmes ; c'est là que les peuples amis de la paix iront prendre des leçons de courage, de magnanimité, pour défendre leurs droits, tandis que les ennemis de l'humanité, les oppresseurs des nations, les instigateurs des discordes sociales n'y verront que l'arrêt du sort qui les attend, quand la justice divine juge à propos de confondre leur ambition et de punir leurs attentats.

Quant à vous, guerriers généreux, qui survivez aux travaux héroïques dont votre carrière a été si dignement remplie, quelle ne doit pas être la satisfaction de vos cœurs en voyant vos efforts couronnés par les douceurs et les bienfaits de la paix? Est-il maintenant une fatigue, est-il un danger dont le souvenir ne vous soit pas cher? Et si d'honorables cicatrices sillonnent vos corps, quel adoucissement pour vos douleurs, dans la pensée que par votre sang vous avez fait cesser les maux de l'humanité, tari les larmes des familles, donné le bonheur à votre patrie et le repos au monde? Ah! jouissez pleinement de la gloire que vous avez si légitimement acquise. Voyez vos familles illustrées à jamais par l'éclat de vos sacrifices; vos pères, courbés sous le poids des ans, ne marcheront plus qu'escortés de la vénération de leurs concitoyens. Voyez votre patrie s'honorer de ses enfans et se glorifier de vos bienfaits; voyez le plus grand des monarques, votre empereur, vous associer à sa gloire immortelle, vous proclamer solennellement dignes de lui, vous couvrir en quelque sorte de ses propres lauriers, et vous assurer de toute l'étendue de sa reconnaissance et de son amour (1). Ah! je le sens à l'enthousiasme de mon cœur, c'est là la récompense la plus flatteuse pour vous : celle qui suffit à votre noble ambition, qui vous dédommage pleinement de tous vos sacrifices, de tous vos travaux, et qui, s'il le fallait encore, vous rendrait toujours dignes de lui, de vous, et de la gloire immense qui ombrage vos têtes.

(1) Proclamation du camp impérial de Tilsit, le 22 juin 1807.

FIN.

De l'Imprimerie de Farge, cloître Saint-Benoît, n° 2.

([illegible])

zeur, [illegible] immortelle, [illegible] lui, [illegible] [illegible] [illegible] [illegible] louions [illegible] d'un [illegible] [illegible], et de la [illegible] vos fêtes.

[illegible]

www.ingramcontent.com/pod-product-compliance
Ingram Content Group UK Ltd.
Pitfield, Milton Keynes, MK11 3LW, UK
UKHW020329220726
13923UKWH00003B/1465

9 782019 249076